Bonjour,
Vous trouverez dans ce Carnet une série de planches d'aide au dessin sur le thème des animaux.

Vous allez trouver 46 planches avec chaque fois un dessin modèle en petit et le dessin en mode grisé qui sert de base au dessin assisté.

Utilisez idéalement des crayons noir ou de couleur ou encore des pastels pour éviter les transferts. La page blanche à l'arrière de chaque planche, devrait l'empêcher mais on ne sait jamais.

Bon amusement.
Mes coordonnées de contact sont à la fin du livret.

Prenez soin de vous.
Marie Motivation

Ce Carnet appartient à

____

Marie Motivation

Carnet d'aide au dessin

Marie Motivation

Carnet d'aide au dessin

Marie Motivation

Carnet d'aide au dessin

Marie Motivation

Carnet d'aide au dessin

Marie Motivation

Carnet d'aide au dessin

Marie Motivation

Carnet d'aide au dessin

Marie Motivation

Carnet d'aide au dessin

Marie Motivation

Carnet d'aide au dessin

Marie Motivation

Carnet d'aide au dessin

Marie Motivation

Carnet d'aide au dessin

Marie Motivation

Carnet d'aide au dessin

Marie Motivation

Carnet d'aide au dessin

Marie Motivation

Carnet d'aide au dessin

Marie Motivation

Carnet d'aide au dessin

Marie Motivation

Carnet d'aide au dessin

Marie Motivation

Carnet d'aide au dessin

Marie Motivation

Carnet d'aide au dessin

Marie Motivation

Carnet d'aide au dessin

Marie Motivation

Carnet d'aide au dessin

Marie Motivation

Carnet d'aide au dessin

Marie Motivation

Carnet d'aide au dessin

Marie Motivation

Carnet d'aide au dessin

Marie Motivation

Carnet d'aide au dessin

Marie Motivation

Carnet d'aide au dessin

Marie Motivation

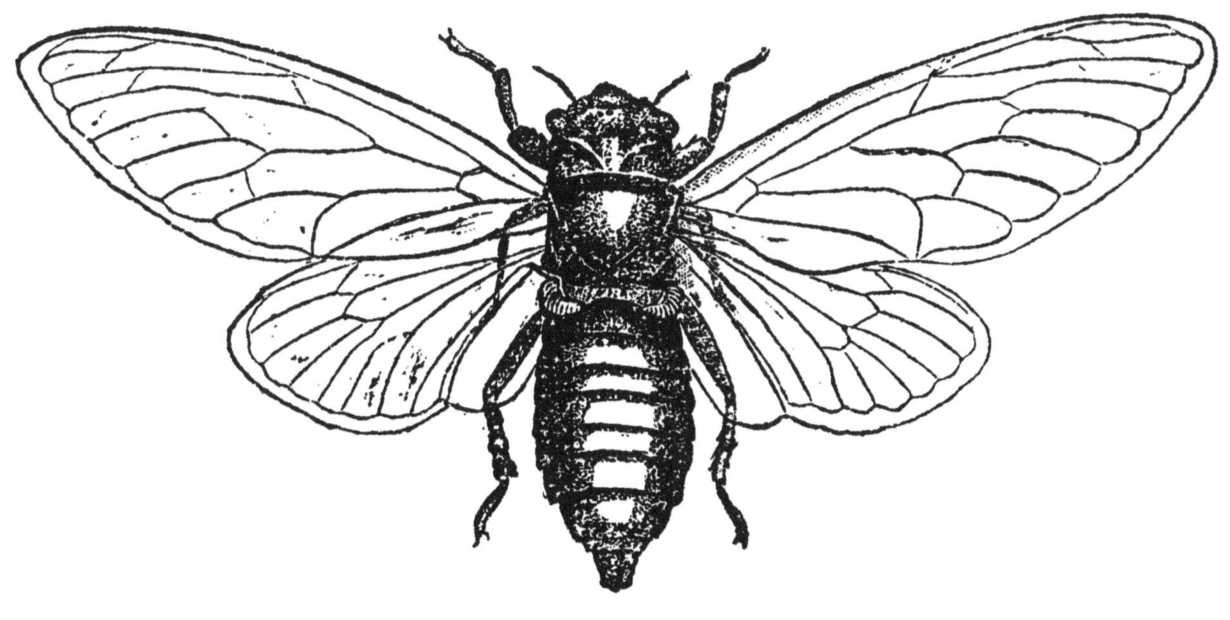

Carnet d'aide au dessin

Marie Motivation

Carnet d'aide au dessin

Marie Motivation

Carnet d'aide au dessin

Marie Motivation

Carnet d'aide au dessin

Marie Motivation

Carnet d'aide au dessin

Marie Motivation

Carnet d'aide au dessin

Marie Motivation

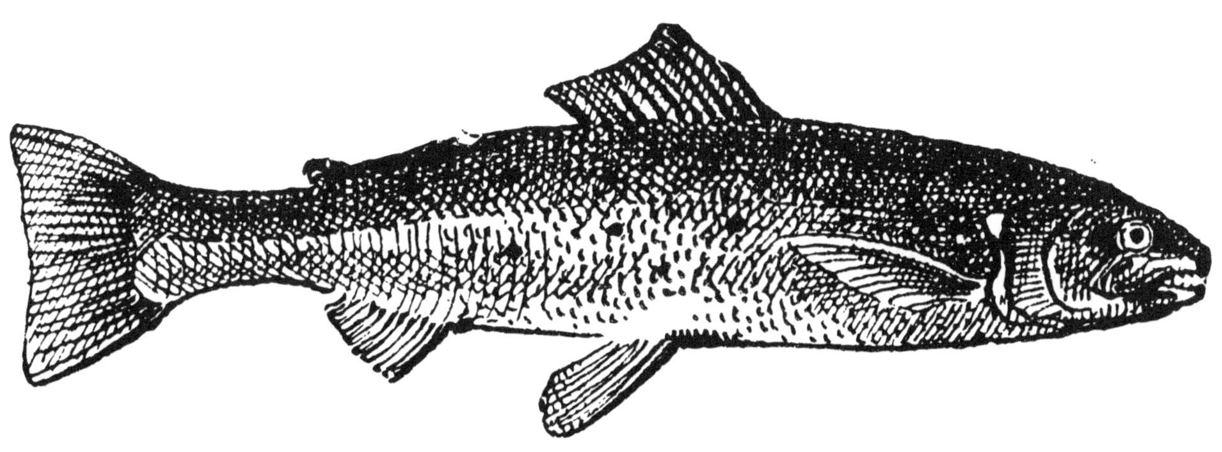

Carnet d'aide au dessin

Marie Motivation

Carnet d'aide au dessin

Marie Motivation

Carnet d'aide au dessin

Marie Motivation

Carnet d'aide au dessin

Marie Motivation

Carnet d'aide au dessin

Marie Motivation

Carnet d'aide au dessin

Marie Motivation

Carnet d'aide au dessin

Marie Motivation

Carnet d'aide au dessin

Marie Motivation

Carnet d'aide au dessin

Marie Motivation

Carnet d'aide au dessin

Marie Motivation

Carnet d'aide au dessin

Marie Motivation

Carnet d'aide au dessin

Marie Motivation

Carnet d'aide au dessin

Marie Motivation

Carnet d'aide au dessin

Marie Motivation

Carnet d'aide au dessin

Marie Motivation

Carnet d'aide au dessin

Marie Motivation

Carnet d'aide au dessin

Marie Motivation

Carnet d'aide au dessin

Marie Motivation

Carnet d'aide au dessin

Marie Motivation

Carnet d'aide au dessin

Marie Motivation

Dans la même collection :

Carnet d'aide au dessin sur le thème des fleurs !de Marie Motivation

Carnet d'aide au dessin sur le thème des Mangas !de Lilly Monster et Marie Motivation

Initiation à la calligraphie et à l'enluminure: Carnet d'exercices d'écriture à remplir et de lettres d'alphabet enluminées sur le thème du printemps de Marie Méditation

Je peux pas je dessine des chats !: Apprendre facilement à dessiner des chats. 8x10p (20,32x25,40cm). 30 planches de dessin assisté de Lilly Monster et Marie Motivation

Je peux pas je dessine des émotions: Pour dessiner des expressions d'émotions facilement. 44 planches de dessin assisté. de Lilly Monster et Marie Motivation

Voilà j'espère que ce Carnet d'aide au dessin sur le thème des animaux vous a plu.

Je reste à votre disposition en cas de besoin.

Marie Motivation
mariemotivationok@gmail.com